무량공덕 13　　　무비스님 편저

지장보살예찬문

 권하는 글

# 독송(讀誦) 공덕문(功德文)

부처님은 범인(凡人)이 흉내 낼 수 없는 피나는 정진(精進)을 통해 큰 깨달음을 이루신 인류의 큰 스승이십니다. 그 깨달음으로 삶과 존재의 실상(實相)을 바르게 꿰뚫어 보시고 의미 있고 보람된 삶에 대하여 가르치셨습니다.

부처님의 가르침을 전하는 사람을 법사(法師)라고 하는데, 법화경(法華經) 법사품(法師品)에는 다섯 가지 법사에 대하여 설파하고 있습니다. 그 첫째는 경전을 지니고 다니는 사람, 둘째는 경전을 읽는 사람, 셋째는 경전을 외우는 사람, 넷째는 경전을 해설하는 사람, 다섯째는 경전을 사경하는 사람입니다. 이 중 한 가지만 하더라도 훌륭한 법사이며, "법사의 길을 행하는 사람은 부처님의 장엄(莊嚴)으로 장엄한 사람이며, 부처

님께서 두 어깨로 업어주는 사람이다." 라고 말씀하고 있으니 세상을 살아가면서 이보다 더 큰 보람과 영광이 어디에 있겠습니까.

이번에 제작된 〈무량공덕 독송본〉은 항상 지니고 다니면서 읽고 베껴 쓸 수 있는 경전입니다. 부디 많은 분들이 이 인연 공덕에 함께 하시어 큰깨달음 이루시고 행복하시기를 기원합니다.

독송공덕수승행 무변승복개회향
讀誦功德殊勝行 無邊勝福皆廻向(독송한 그 공덕 수승하여라, 가없는 그 공덕 모두 회향하여)

보원침익제유정 속왕무량광불찰
普願沈溺諸有情 速往無量光佛刹(이 세상 모든 사람 모든 생명, 한량없는 복된 삶 누려지이다.)

불기2549(2005)년 여름안거
금정산 범어사  如天 無比 합장

# 차례

전 경 ………… 9

지장보살 예찬문 ………… 13

츰부다라니 ………… 64

마하반야바라밀다심경 ………… 67

한글반야심경 ………… 72

대보루각 다라니 ………… 78

무량수여래근본 다라니 ………… 79

발원문 ………… 83

## 轉經 전경

### 淨口業眞言 정구업진언

수리수리 마하수리수리 사바하 (세 번)

### 五方內外安慰諸神眞言 오방내외안위제신진언

나무 사만다 못다남 옴 도로도로 지미 사바하 (세 번)

## 개경게 開經偈

**무상심심미묘법** 백천만겁난조우
無上甚深微妙法 百千萬劫難遭遇

**아금문견득수지** 원해여래진실의
我今聞見得受持 願解如來眞實義

## 개법장진언 開法藏眞言

옴 아라남 아라다 (세 번)

## 예불문 禮佛文

**계향** 戒香 **정향** 定香 **혜향** 慧香 **해탈향** 解脫香 **해탈지견향** 解脫知見香

**광명운대** 光明雲臺 **주변법계** 周徧法界 **공양시방** 供養十方 **무량불법승** 無量佛法僧

### 헌향진언 獻香眞言

옴 바아라 도비야 훔(세번)

아금청정수 변위감로다
我今淸淨水 變爲甘露茶

봉헌삼보전 원수애납수
奉獻三寶前 願垂哀納受

지심귀명례 지장원찬 이십삼존 제위여래불
지심귀명례 유명교주 지장보살 마하살
지심귀명례 좌우보처 도명존자 무독귀왕
지장대성위신력 항하사겁설난진
견문첨례일념간 이익인천무량사
고아일심 귀명정례

## 지장보살 예찬문

저희들이 엎드려서 지성다하여
향로위에 향 한쪽 사르고나니
향기는 온법계를 진동하옵고
이땅에서 불국토로 고루퍼지매
곳곳마다 상서구름 피어나오니
저희들의 간절한뜻 살펴주시사
자비하신 부처님 강림하소서

지심귀명례 시방 법계 상주 삼보
至心歸命禮 十方 法界 常住 三寶

(무릎꿇고 합장하여 이르기를)

나무 지장왕보살 마하살
南無 地藏王菩薩 摩訶薩

대비대원 대성대자 보살께서는
미묘하온 온갖공덕 갖추었으며
대해탈의 큰보배가 나는곳이고

보살들의 맑고밝은 안목이시며

열반으로 인도하는 도사이어라

온갖보배 비내리는 여의주처럼

구하는바 그모두를 만족케하며

온갖보배 고루갖춘 섬이시오며

모든선근 키워주는 좋은밭이며

대해탈의 낙을담은 그릇이오며

신묘하온 공덕내는 화수분이라

착한이를 비춰주는 햇빛이시며
더운번뇌 식혀주는 달빛이시며
번뇌도적 격파하는 날쎈칼이며
더운여름 나그네의 정자나무
다리없는 사람에겐 수레와같고
머나먼길 가는이의 자량이시며
길을잃은 나그네의 길잡이시며
미친사람 마음잡는 묘한약이며.

병고중의 사람에겐 의사이시며
늙은이들 의지하올 지팡이시며
고달픈이 편이쉬실 평상이시며
생노병사 건네주는 다리이시며
불국토로 가는이의 보벌이어라
三대선근 두루닦은 공덕신이며
모든선근 얻게되는 등류과시며
수레바퀴 구르듯이 항상베풀고

청정계행 견고함은 수미산같고
용맹정진 불퇴전은 금강보배며
안온하고 부동하기 대지이시며
정밀하온 대선정은 비밀장이며
화려하온 삼매장엄 화만과같고
깊고넓은 대지혜는 바다와같고
물들잖고 집착않음 허공같으며
묘한과보 가까움은 화엽같으며

일체외도 조복함은 사자왕이며
일체마군 굴복시킴 용상이시며
번뇌도적 모두베는 신검이시며
번잡함을 싫어함은 독각이시며
번뇌의때 씻어줌은 맑은물이며
모든악취 없애줌은 선풍과같고
온갖결박 끊으심은 칼날같으며
온갖공포 막으심은 아버지같고

온갖원적 막으심은 성곽같으며
온갖액난 구하심은 부모와같고
겁약한이 숨겨줌은 숲과같아라
목마른 사람에겐 청량수되고
굶주린 사람에겐 과실이되며
헐벗은 사람에겐 의복이되고
더위속 사람에겐 큰구름되고
가난한 사람에겐 여의보되고

두려워 떠는 이엔 의지처 되며
농사짓는 이에게는 단비가 되고
흐린물을 맑힘에는 월애주되어
모든중생 모든선근 두호하시며
묘한경계 나타내어 즐겁게하며
중생들의 참괴심을 더하게하며
복과지혜 구하는이 장엄갖추며
번뇌를 씻어내기 폭포수같고

산란심을　거두기는　삼매경계며
걸림없는　대변재는　수차같으며
깊은삼매　부동함은　묘색봄같고
대인욕에　안주함은　수미산같고
온갖법을　갈무리심　바다와같고
대신족이　자재함은　허공같으며
햇빛에　얼음녹듯　미혹없애며
선정도와　지혜섬에　항상노닐며

무공용의 대법륜을 항상굴리는

수승하온 큰공덕은 측량못해라

오래닦아 견고하온 크신원력과

대자비와 용맹정진 크신공덕은

일체보살 뛰어넘어 비할데없기

잠시에도 쉼없이 귀의하옵고

염불하고 예불하고 공양하올때

모든중생 온갖고통 모두여의며

온갖소원 지체없이 거둬주시어

천상나고 열반길에 들게하시니

저희들이 일심으로 정례합니다

지심귀명례 본사 석가모니불
至心歸命禮 本師 釋迦牟尼佛

지심귀명례 극락세계 아미타불
至心歸命禮 極樂世界 阿彌陀佛

지심귀명례 사자분신구족만행불
至心歸命禮 師子奮迅具足萬行佛

지심귀명례 각화정자재왕불(覺華定自在王佛)

지심귀명례 일체지성취불(一切智成就佛)

지심귀명례 청정연화목불(淸淨蓮華目佛)

지심귀명례 무변신불(無邊身佛)

지심귀명례 다보불(多寶佛)

지심귀명례 보승불(寶勝佛)

지심귀명례 파두마승불
波頭摩勝佛

至心귀명례 사자후불
師子吼佛

至心귀명례 구류손불
拘留孫佛

至心귀명례 비바시불
毗婆尸佛

至心귀명례 보상불
寶相佛

至心귀명례 가사당불
袈裟幢佛

지심귀명례 대통산왕불

지심귀명례 정월불
淨月佛

지심귀명례 지승불
智勝佛

지심귀명례 정명왕불
淨名王佛

지심귀명례 지성취불
智成就佛

지심귀명례 산왕불
山王佛

至心歸命禮 무상불 無上佛

至心歸命禮 묘성불 妙聲佛

至心歸命禮 만월불 滿月佛

至心歸命禮 월면불 月面佛

至心歸命禮 보광불 普光佛

至心歸命禮 보명불 普明佛

지심귀명례 보정불
至心歸命禮 普淨佛

지심귀명례 다마라발전단향불
至心歸命禮 多摩羅跋栴檀香佛

지심귀명례 전단광불
至心歸命禮 栴檀光佛

지심귀명례 마니당불
至心歸命禮 摩尼幢佛

지심귀명례 환희장마니보적불
至心歸命禮 歡喜藏摩尼寶積佛

지심귀명례 일체세간락견상대정진불
至心歸命禮 一切世間樂見上大精進佛

至心歸命禮 마니당등광불
摩尼幢燈光佛

至心歸命禮 혜거조불
慧炬照佛

至心歸命禮 해덕광명불
海德光明佛

至心歸命禮 금강뢰강보산금광불
金剛牢強普散金光佛

至心歸命禮 대강정진용맹불
大強精進勇猛佛

至心歸命禮 대비광불
大悲光佛

지심귀명례 자력왕불
至心歸命禮 慈力王佛

지심귀명례 자장불
至心歸命禮 慈藏佛

지심귀명례 전단굴장엄승불
至心歸命禮 梅檀窟莊嚴勝佛

지심귀명례 현선수불
至心歸命禮 賢善首佛

지심귀명례 선의불
至心歸命禮 善意佛

지심귀명례 광장엄왕불
至心歸命禮 廣莊嚴王佛

지심귀명례 금화광불
至心歸命禮 金華光佛

지심귀명례 보개조공자재력왕불
至心歸命禮 寶蓋照空自在力王佛

지심귀명례 허공보화광불
至心歸命禮 虛空寶華光佛

지심귀명례 유리장엄왕불
至心歸命禮 琉璃莊嚴王佛

지심귀명례 보현색신광불
至心歸命禮 普賢色身光佛

지심귀명례 부동지광불
至心歸命禮 不動智光佛

지심귀명례 항복중마 왕불
至心歸命禮 降伏衆魔王佛

지심귀명례 재광명불
至心歸命禮 才光明佛

지심귀명례 지혜승불
至心歸命禮 智慧勝佛

지심귀명례 미륵선광불
至心歸命禮 彌勒仙光佛

지심귀명례 선적월음묘존지왕불
至心歸命禮 善寂月音妙尊智王佛

지심귀명례 세정광불
至心歸命禮 世淨光佛

지심귀명례 용종상존왕불
龍種上尊王佛

지심귀명례 일월광불
日月光佛

지심귀명례 일월주광불
日月珠光佛

지심귀명례 혜당승왕불
慧幢勝王佛

지심귀명례 사자후자재력왕불
師子吼自在力王佛

지심귀명례 묘음승불
妙音勝佛

지심귀명례 상광당불
至心歸命禮 常光幢佛

지심귀명례 관세등불
至心歸命禮 觀世燈佛

지심귀명례 혜위등왕불
至心歸命禮 慧威燈王佛

지심귀명례 법승왕불
至心歸命禮 法勝王佛

지심귀명례 수미광불
至心歸命禮 須彌光佛

지심귀명례 수만나화광불
至心歸命禮 須曼那華光佛

지심귀명례 　우담발라화수승왕불
至心歸命禮　優曇鉢羅華殊勝王佛

지심귀명례 　대혜력왕불
至心歸命禮　大慧力王佛

지심귀명례 　아축비환희광불
至心歸命禮　阿閦毘歡喜光佛

지심귀명례 　무량음성왕불
至心歸命禮　無量音聲王佛

지심귀명례 　재광불
至心歸命禮　才光佛

지심귀명례 　금해광불
至心歸命禮　金海光佛

지심귀명례 산해혜자재통왕불
山海慧自在通王佛

지심귀명례 대통광불
大通光佛

지심귀명례 일체법상만왕불
一切法常滿王佛

지심귀명례 진시방 삼세 일체제불
盡十方 三世 一切諸佛

지심귀명례 지장보살본원경
地藏菩薩本願經

지심귀명례 대승대집지장십륜경
大乘大集地藏十輪經

점찰선악업보경
占察善惡業報經

지심귀명례
至心歸命禮
진시방 삼세 일체존법
盡十方 三世 一切尊法

지심귀명례
至心歸命禮
입능발지정 지장보살
入能發智定 地藏菩薩

지심귀명례
至心歸命禮
입구족무변지정 지장보살
入具足無邊智定 地藏菩薩

지심귀명례
至心歸命禮
입구족청정지정 지장보살
入具足淸淨智定 地藏菩薩

지심귀명례
至心歸命禮
입구족참괴지정 지장보살
入具足慚愧智定 地藏菩薩

至心歸命禮 입구족제승명정 入具足諸乘明定 地藏菩薩

至心歸命禮 입무우신통명정 入無憂神通明定 地藏菩薩

至心歸命禮 입구족승통명정 入具足勝通明定 地藏菩薩

至心歸命禮 입보조제세간정 入普照諸世間定 地藏菩薩

至心歸命禮 입제불등거명정 入諸佛燈炬明定 地藏菩薩

至心歸命禮 입금강광정 入金剛光定 地藏菩薩

지심귀명례 입전광명정 地藏菩薩

至心歸命禮 입電光明定 地藏菩薩

지심귀명례 입구족상묘미정 地藏菩薩

至心歸命禮 입具足上妙味定 地藏菩薩

지심귀명례 입구족승정기정 地藏菩薩

至心歸命禮 입具足勝精氣定 地藏菩薩

지심귀명례 입상묘제자구정 地藏菩薩

至心歸命禮 입上妙諸資具定 地藏菩薩

지심귀명례 입무쟁지정 지장보살

至心歸命禮 입無諍智定 地藏菩薩

지심귀명례 입구족세로광정 지장보살

至心歸命禮 입具足世路光定 地藏菩薩

至心歸命禮 入善住勝金剛定 地藏菩薩

至心歸命禮 入具足慈悲聲定 地藏菩薩

至心歸命禮 入具足慈悲聲定 地藏菩薩

至心歸命禮 入引集諸福德定 地藏菩薩

至心歸命禮 入海電光定 地藏菩薩

至心歸命禮 以諸定力除刀兵劫 地藏菩薩

至心歸命禮 以諸定力除疾病劫 地藏菩薩

지심귀명례 이제정력제기근겁 지장보살
至心歸命禮 以諸定力除饑饉劫 地藏菩薩

지심귀명례 현불타신 지장보살
至心歸命禮 現佛陀身 地藏菩薩

지심귀명례 현보살신 지장보살
至心歸命禮 現菩薩身 地藏菩薩

지심귀명례 현독각신 지장보살
至心歸命禮 現獨覺身 地藏菩薩

지심귀명례 현성문신 지장보살
至心歸命禮 現聲聞身 地藏菩薩

지심귀명례 현대자재천신 지장보살
至心歸命禮 現大自在天身 地藏菩薩

至心歸命禮 현대범천신 地藏菩薩

至心歸命禮 현大梵天身 地藏菩薩

至心歸命禮 현타화자재천신 地藏菩薩

至心歸命禮 현他化自在天身 地藏菩薩

至心歸命禮 현야마천신 地藏菩薩

至心歸命禮 現夜摩天身 地藏菩薩

至心歸命禮 현도사다천신 地藏菩薩

至心歸命禮 現賭史多天身 地藏菩薩

至心歸命禮 현제석천신 地藏菩薩

至心歸命禮 現帝釋天身 地藏菩薩

至心歸命禮 현사대천왕신 地藏菩薩

至心歸命禮 現四大天王身 地藏菩薩

지심귀명례 현전륜왕신 지장보살

至心歸命禮 現轉輪王身 地藏菩薩

至心歸命禮 現장부신 地藏菩薩
지심귀명례 현丈夫身

至心歸命禮 현부녀신 地藏菩薩
지심귀명례 現婦女身

至心歸命禮 현동남신 地藏菩薩
지심귀명례 現童男身

至心歸命禮 현동녀신 地藏菩薩
지심귀명례 現童女身

至心歸命禮 현용신 地藏菩薩
지심귀명례 現龍身

지심귀명례 현야차신 지장보살

지심귀명례 현약차신 지장보살

지심귀명례 현나찰신 지장보살

지심귀명례 현아귀신 지장보살

지심귀명례 현사자신 지장보살

지심귀명례 현향상신 지장보살

지심귀명례 현마신우신 지장보살

지심귀명례 현종종금수지신 지장보살
現種種禽獸之身 地藏菩薩

지심귀명례 현염마왕신 지장보살
現閻魔王身 地藏菩薩

지심귀명례 현지옥졸신 지장보살
現地獄卒身 地藏菩薩

지심귀명례 현지옥제유정신 지장보살
現地獄諸有情身 地藏菩薩

지심귀명례 증장사중수명 지장보살
增長四衆壽命 地藏菩薩

지심귀명례 증장사중무병 지장보살
增長四衆無病

지심귀명례 至心歸命禮 증장사중색력명문 增長四衆色力名聞 지장보살 地藏菩薩

지심귀명례 至心歸命禮 증장사중정계다문 增長四衆淨戒多聞 지장보살 地藏菩薩

지심귀명례 至心歸命禮 증장사중자구재보 增長四衆資具財寶 지장보살 地藏菩薩

지심귀명례 至心歸命禮 증장사중혜사 增長四衆慧捨 지장보살 地藏菩薩

지심귀명례 至心歸命禮 증장사중묘정 增長四衆妙定 지장보살 地藏菩薩

지심귀명례 至心歸命禮 증장사중안인 增長四衆安忍 지장보살 地藏菩薩

지심귀명례 증장사중방편 지장보살

지심귀명례 증장사중각분성제광명 지장보살

지심귀명례 증장사중취입대승정도 지장보살

지심귀명례 증장사중법명 지장보살

지심귀명례 증장사중성숙유정 지장보살

지심귀명례 증장사중대자대비 지장보살

지심귀명례 증장사중묘칭변만삼계 지장보살
至心歸命禮 增長四衆妙稱徧滿三界 地藏菩薩

지심귀명례 증장사중법우보윤삼계 지장보살
至心歸命禮 增長四衆法雨普潤三界 地藏菩薩

지심귀명례 증장사중일체대지정기 자미 地
至心歸命禮 增長四衆一切大地精氣 滋味

장보살
藏普薩

지심귀명례 증장사중일체종자정기 자미 지
至心歸命禮 增長四衆一切種子精氣 滋味

장보살
藏普薩

지심귀명례 증장사중일체선작사업 地藏菩薩
至心歸命禮 增長四衆一切善作事業

지심귀명례 증장사중정법정기선행 地藏菩薩
至心歸命禮 增長四衆正法精氣善行

지심귀명례 증장사중유익지수화풍 地藏菩薩
至心歸命禮 增長四衆有益地水火風

지심귀명례 증장사중육도피안묘행 地藏菩薩
至心歸命禮 增長四衆六到彼岸妙行

지심귀명례 영리우고희구만족 地藏菩薩
至心歸命禮 令離憂苦希求滿足

지심귀명례 영리우고음식충족 地藏菩薩
至心歸命禮 令離憂苦飲食充足

至心歸命禮 지심귀명례 영리우고자구비족 令離憂苦資具備足 지장보살 地藏菩薩

至心歸命禮 지심귀명례 영리원증애락합회 令離怨憎愛樂合會 지장보살 地藏菩薩

至心歸命禮 지심귀명례 영유중병신심안온 令愈衆病身心安穩 지장보살 地藏菩薩

至心歸命禮 지심귀명례 영사독심자심상향 令捨毒心慈心相向 지장보살 地藏菩薩

至心歸命禮 지심귀명례 영해뇌옥자재환희 令解牢獄自在歡喜 지장보살 地藏菩薩

至心歸命禮 지심귀명례 영리수집편달가해 令離囚執鞭撻加害 지장보살 地藏菩薩

至心歸命禮 지심귀명례 영창신심기력강성 令暢身心氣力強盛 지장보살 地藏菩薩

至心歸命禮 지심귀명례 영구제근무유손괴 令具諸根無有損壞 지장보살 地藏菩薩

至心歸命禮 지심귀명례 영리뇌심무광란 令離惱心無狂亂 지장보살 地藏菩薩

至心歸命禮 지심귀명례 영리탐욕신심안락 令離貪慾身心安樂 지장보살 地藏菩薩

至心歸命禮 지심귀명례 영리위난안온무손 令離危難安穩無損 지장보살 地藏菩薩

至心歸命禮 지심귀명례 영리포외보전신명 令離怖畏保全身命 지장보살 地藏菩薩

至心歸命禮 지심귀명례 영리우고만족다문 지장보살
令離憂苦滿足多聞 地藏菩薩

至心歸命禮 지심귀명례 우살생자설숙앙단명보 지장보살
遇殺生者說宿殃短命報 地藏菩薩

至心歸命禮 지심귀명례 우절도자설빈궁고초보 지장보살
遇竊盜者說貧窮苦楚報 地藏菩薩

至心歸命禮 지심귀명례 우사음자설작합원앙보 지장보살
遇邪淫者說雀鴿鴛鴦報 地藏菩薩

至心歸命禮 지심귀명례 우악구자설권속투쟁보 지장보살
遇惡口者說眷屬鬪諍報 地藏菩薩

至心歸命禮 지심귀명례 우훼방자설무설창구보 지장보살
遇毀謗者說無舌瘡口報 地藏菩薩

지심귀명례 우진에자설추루융잔보 지장보살
至心歸命禮 遇瞋恚者說醜陋癃殘報 地藏菩薩

지심귀명례 우간린자설소구위원보 지장보살
至心歸命禮 遇慳恪者說所求違願報 地藏菩薩

지심귀명례 우음식무도자설기갈인병보 지장
至心歸命禮 遇飲食無度者說飢渴咽病報 地藏

보살
菩薩

지심귀명례 우전렵자정자설경광상 명보 지
至心歸命禮 遇畋獵恣情者說驚狂喪命報 地

장보살
藏菩薩

至心歸命禮 지심귀명례 우패역부모자설천지재살보지
遇悖逆父母者說天地災殺報

至心歸命禮 지심귀명례 장보살
藏菩薩

至心歸命禮 지심귀명례 우소림자설광미취사보지장보살
遇燒林者說狂迷取死報地藏菩薩

至心歸命禮 지심귀명례 우망포생추자설골육분리보지
遇網捕生雛者說骨肉分離報

지심귀명례 장보살
藏菩薩

至心歸命禮 지심귀명례 우훼방삼보자설맹롱음아보지
遇毀謗三寶者說盲聾瘖瘂報

55

지심귀명례 장보살
至心歸命禮 藏菩薩

지심귀명례 우경법만교자설영처악도보
至心歸命禮 遇輕法慢教者說永處惡道報

지심귀명례 지장보살
至心歸命禮 地藏菩薩

지심귀명례 우파용상주자설윤회지옥보
至心歸命禮 遇破用常住者說輪廻地獄報

지심귀명례 지장보살
至心歸命禮 地藏菩薩

지심귀명례 우오범무승자설영재축생보
至心歸命禮 遇汚梵誣僧者說永在畜生報

지심귀명례
至心歸命禮

지장보살
地藏菩薩

우탕화참작상생자설체 상보
遇湯火斬斫傷生者說遞 償報

지심귀명례
至心歸命禮

지장보살
地藏菩薩

우파계범재자설금수기 아보
遇破戒犯齋者說禽獸飢 餓報

지심귀명례
至心歸命禮

지장보살
地藏菩薩

우비리훼용자설소구궐 절보
遇非理毀用者說所求闕 絕報

지심귀명례 지장보살
至心歸命禮 地藏菩薩
우오아공고자설비사하천보지
遇吾我貢高者說卑使下賤報 地

지심귀명례 장보살
至心歸命禮 藏菩薩
우양설투란자설무설백설보지
遇兩舌鬪亂者說無舌百舌報 地

지심귀명례 장보살
至心歸命禮 藏菩薩
우사견자설변지수생보 지장보살
遇邪見者說邊地受生報 地藏菩薩

지심귀명례 백천방편교화중생 　지장보살
至心歸命禮 百千方便敎化衆生 　地藏菩薩

지심귀명례 문수사리보살
至心歸命禮 文殊師利菩薩

지심귀명례 보현보살
至心歸命禮 普賢菩薩

지심귀명례 관세음보살
至心歸命禮 觀世音菩薩

지심귀명례 대세지보살
至心歸命禮 大勢至菩薩

지심귀명례 아일다보살
至心歸命禮 阿逸多菩薩

지심귀명례 재수보살
至心歸命禮 財首菩薩

지심귀명례 정자재왕보살
至心歸命禮 定自在王菩薩

지심귀명례 정목보살
至心歸命禮 光目菩薩

지심귀명례 일광보살
至心歸命禮 日光菩薩

지심귀명례 월광보살
至心歸命禮 月光菩薩

지심귀명례 무진의보살
至心歸命禮 無盡意菩薩

지심귀명례 해탈보살
至心歸命禮 解脫菩薩

지심귀명례 보광보살
至心歸命禮 普廣菩薩

지심귀명례 진시방삼세일체보살
至心歸命禮 盡十方三世一切菩薩

지심귀명례 발양계교권선대사 도명존자
至心歸命禮 發揚啓敎勸善大師 道明尊者

지심귀명례 진시방삼세일체현성승
至心歸命禮 盡十方三世一切賢聖僧

예배하온 큰공덕과 뛰어난행의
가 없는 수승한복 회향하오니
바라건대 고에빠진 모든유정이
어서바삐 극락국에 나가지이다
나무대자비 대원본존 지장보살

(지장보살 염불 백천만 번)

지장보살 신묘위력 비할데없네
금색화신 곳곳마다 고루나투사

三도六도 중생에게 묘법설하여

四생十류 모든중생 자은을입네

장상명주 천당길을 밝게비추고

금석떨쳐 지옥문을 활짝여시고

누세종친 친척들을 이끌어내어

九품연대 부처님께 예배케하네

# 츰부다라니
讖蒲陀羅尼

츰부 츰부 츰츰부 아가셔츰부 바결랍츰부 암발랍츰부 비라츰부 발결랍츰부 아루가츰부 담뭐츰부 살더뭐츰부 살더닐하뭐츰부 비바루가찰뭐츰부 우뷔셤뭐츰부 내여나츰부 빌랄여삼므디랄나츰부 찰나츰부

비실바리여츔부 셔살더랄바츔부 비어자수
재 맘히리 담미 셤미 잡결랍시 잡결랍믜스
리 치리 시리 결랄뷔뷀러발랄디 히리 벌
랄비 뷀랄저리니달니 헐랄달니 뷔러 져져
져 히리 미리 이결타 탑기 탑규루 탈리
탈리 미리 뭐대 더대 구리 미리 앙규즈더
비 얼리 기리 뷔러기리 규차셤미리 징기
둔기 준규리 후루 후루 후루 규루술두미

리 미리디 미리대 빈자더 허러 히리 후루 후루루(六五句)

## 지장보살 멸정업진언
地藏菩薩 滅定業眞言

옴프라마리 다 니 스바하

# 마하반야바라밀다심경
摩訶般若波羅蜜多心經

**관자재보살** 觀自在菩薩 **행심반야바라밀다시** 行深般若波羅蜜多時 **조견** 照見

**오온개공** 五蘊皆空 **도일체고액** 度一切苦厄

**사리자** 舍利子 **색불이공** 色不異空 **공불이색** 空不異色 **색즉시공** 色卽是空

**공즉시색** 空卽是色 **수상행식** 受想行識 **역부여시** 亦復如是

사리자 시제법공상 불생불멸 불구부
舍利子 是諸法空相 不生不滅 不垢不

정 부증불감
淨 不增不減

시고 공중무색 무수상행식
是故 空中無色 無受想行識

무안이비설신의 무색성향미촉법 무안계
無眼耳鼻舌身意 無色聲香味觸法 無眼界

내지 무의식계
乃至 無意識界

무무명 역무무명진 내지 무노사 역무노
無無明 亦無無明盡 乃至 無老死 亦無老

사진 死盡

무고집멸도 無苦集滅道

무지역무득 無智亦無得

이무소득고 以無所得故

보리살타 의반야바라밀다 菩提薩埵 依般若波羅蜜多

고 심무가애 故 心無罣碍

무가애고 無罣碍故

무유공포 원 無有恐怖 遠

리 전도몽상 구경열반 離 顚倒夢想 究竟涅槃

삼세제불 의반야바라밀다고 득아뇩다 三世諸佛 依般若波羅蜜多故 得阿耨多

라삼먁삼보리

羅三藐三菩提

고지 반야바라밀다 시대신주 是大明

故知 般若波羅蜜多 是大神呪

주 시무상주 시무등등주 고설 반야바라

呪 是無上呪 是無等等呪 故說 般若波羅

능제일체고 진실불허

能除一切苦 眞實不虛

밀다주

蜜多呪

즉설주왈

即說呪曰

아제아제(揭諦揭諦) 바라아제(波羅揭諦) 바라승아제(波羅僧揭諦) 모지(菩提) 사바하(娑婆訶)

아제아제(揭諦揭諦) 바라아제(波羅揭諦) 바라승아제(波羅僧揭諦) 모지(菩提) 사바하(娑婆訶)

아제아제(揭諦揭諦) 바라아제(波羅揭諦) 바라승아제(波羅僧揭諦) 모지(菩提) 사바하(娑婆訶)

# 한글 반야심경(般若心經)

「마하반야바라밀다심경(摩訶般若波羅蜜多心經)」은 위대한 지혜로 피안에 도달하는 가장 핵심되는 부처님의 말씀이다.

「마하」는 크다·많다·위대하다의 뜻이고 「반야」는 지혜·깨달음의 뜻이며 「바라밀다」는 깨달음의 언덕에 이르다는 뜻이다. 「심경」은 핵심이 되는 부처님의 말씀이란 뜻이다.

觀自在菩薩 行深般若波羅蜜多時 照見五蘊皆空 度一切苦厄

관자재보살 행심반야바라밀다시 조견오온개공 도일체고액

관자재보살이 깊은 반야바라밀다를 행할 때 오온이 모두 공함을 비추어 보고 일체 고액에서 벗어 났느니라.

舍利子 色不異空 空不異色 色卽是空 空卽是色 受想行識 亦復如是

사리자 색불이공 공불이색 색즉시공 공즉시색 수상행식 역부여시

**사리자여** 색은 공과 다르지 않고 공은 색과 다르지 않다. 색은 곧 공이고 공은 곧 색이다. 수·상·행·식도 또한 이와 같으니라.

舍利子 是諸法空相 不生不滅 不垢不淨 不增不減

사리자 시제법공상 불생불멸 불구부정 부증불감

**사리자여** 이 모든 법의 공한 모양은 생기지도 않고 소멸하지도 않은 것이며 더럽지도 않고 깨끗하지도 않은 것이며 늘어나지도 않고 줄어드는 일도 없느니라.

是故 空中無色 無受想行識

시고 공중무색 무수상행식

이러한 까닭에 공에는 색이 없으며 수·상·행·식도 또한 없느니라.

無眼耳鼻舌身意 無色聲香味觸法 無眼界 乃至 無意識界
무안이비설신의 무색성향미촉법 무안계 내지 무의식계

(이 공의 세계에서는) 시각·청각·후각·미각·촉각·사유작용 등 감각작용도 없고 빛깔과 형상·소리·냄새·맛·감촉·비감각적 대상도 없으며 눈의 영역도 없고 의식의 세계까지도 없느니라.

無無明 亦無無明盡 乃至 無老死 亦無老死盡
무무명 역무무명진 내지 무노사 역무노사진

(이 공의 세계에서는) 무명도 없으며 또한 무명이 다함도 없으며 내지 늙고 죽음도 없고 또한 늙고 죽음의 다함도 없느니라.

無苦集滅道 無智亦無得

무고집멸도 무지역무득

(이 공의 세계에서는) 괴로움도 없고 괴로움의 원인도 없고 그 원인의 소멸도 없고 그 괴로움의 소멸에 이르는 방법도 없고 또한 지혜도 없고 깨달음을 얻은 것도 없느니라.

以無所得故 菩提薩埵 依般若波羅蜜多故 心無罣碍 無罣碍故 無有恐怖 遠離顚倒夢想 究竟涅槃

이무소득고 보리살타 의반야바라밀다고 심무가애 무가애고 무유공포 원리전도몽상 구경열반

얻을 것이 없는 까닭에 보리살타는 반야바라밀다에 의지하므로 마음에 걸림이 없고 걸림이 없으므로 두려움이 없고 뒤바뀌고 잘못된 생

75

각을 멀리 떠나 마침내는 열반에 이르렀느니라.

三世諸佛 依般若波羅蜜多古 得阿耨多羅三藐三菩提

삼세제불 의반야바라밀다고 득아뇩다라삼먁삼보리

과거·현재·미래의 모든 부처님도 이 반야바라밀다에 의지하여 최상의 깨달음인 아뇩다라삼먁삼보리를 얻느니라.

故知 般若波羅蜜多 是大神呪 是大明呪 是無上呪 是無等等呪

고지 반야바라밀다 시대신주 시대명주 시무상주 시무등등주

그러므로 알라. 반야바라밀다는 가장 신비한 주문이며 가장 밝은 주문이며 최상의 주문이며 비교할 수 없이 뛰어난 주문이니라.

能除一切苦 眞實不虛 故說 般若波羅蜜多呪
능제일체고 진실불허 고설 반야바라밀다주

바라밀다의 주문을 설하노라.

능히 일체의 괴로움을 소멸시키며 진실하여 허망하지 않나니 그러므로 반야

卽說呪曰 揭諦揭諦 波羅揭諦 波羅僧揭諦 菩提 娑婆訶〈세 번〉
즉설주왈 아제아제 바라아제 바라승아제 모지 사바하

그 주문은 곧 가자 가자 피안으로 가자 우리 함께 피안으로 가자.

아! 깨달음이여 원만 성취하리라.〈세 번〉

## 대보루각다라니
大寶樓閣陀羅尼

나맣 사르바 타타가타남 옴 비푸라가르
베 마니프라베 타타타 니다르사네 마니
마니 수프라베 비마레 사가라 감비레
훔훔 즈바라즈바라 붇다비로키테 구햐디
스티타 가르베 스바하

## 무량수여래근본 다라니
### 無量壽如來根本 陀羅尼

나모라트라야야 나맣아랴 미타바야 타
타가야 아르하테 사먁삼붇다야 타댜
타 옴 아므르테 아므르토 드바베 아
므르타삼바베 아므르타가르베 아므르타
싣데 아므르타테제 아므르타비흐림테
아므르타비흐림타가미네 아므르타가가나

키티카레 아므르타둠누비스바레 사르바르타사다네 사르바카르마크레 사얌카레 스바하

## 광명진언 光明眞言

옴 아모가 바이로차나 마하 무드라 마니 파드마 즈바라 프라바릍타야 훔

십악 오역의 중죄는 지은 사람이 두서너 번 듣기만 하여도 모든 죄업이 다 소멸하나니라. 십악 오역의 모든 죄를 많이 지어 그 죄가 온 세계에 가득 차서 죽어 지옥에 떨어졌더라도 깨끗한 모래에 이 진언을 백팔번 외워서 그 모래를 그 사람의 시체나 무덤 위에 흩어주면 모든 죄가 다 소멸되어 곧 극락세계에 가서 나니라.

**보궐진언** 補闕眞言

옴 호로호로 사야부케 스바하

**보회향진언** 普廻向眞言

옴 스마라 스마라 비마나 사라마하

차크라바 훔

**원이차공덕** 願以此功德 **보급어일체** 普及於一切

**아등여중생** 我等與衆生 **개공성불도** 皆共成佛道

# 발원문

모든중생 제도하는 거룩하신 부처님들

크고큰길 밝게비친 깨끗하고 묘한법문

삼계고초 벗어나서 자재하신 스님들께

지극정성 다하여서 목숨바쳐 절하오니

대자대비 베푸시어 거두어서 주옵소서

억천만겁 긴긴세월 끝이없는 이내고생

햇빛보다 밝은자성 배반하여 저버리고
어두웁고 험한길에 잘못흘러 들어가니
죽고나고 나고죽어 지옥아귀 드나들며
가고오고 오고갈제 탐진사견 뿐이로다
애욕번뇌 얽매이고 명리허영 눈가리워
무서울사 저지옥은 바다보다 깊어지고
삿된마음 따라가고 악한길만 달음치니
한량없는 죄의모임 태산같이 높았세라

불꽃속을 헤매이고 독사굴에 깊이빠져
나를위해 남해치니 죄뿐이라
천생만생 쌓은업장 큰허공에 가득차니
많고많은 모든허물 그어찌 하오리까
사생자부 부처님께 피눈물로 참회하니
애닯사온 저의소원 굽어살펴 주옵소서
부처님들 이끄시고 어진동무 잡아주어
탐진애욕 깊은구렁 하루바삐 벗어나서

해탈열반 높은언덕 순식간에 올라가며
맑은복과 긴수명은 나날이 솟아나고
밝은지혜 묘한심령 더욱더 빛이나며
좋은나라 태어나서 큰스승을 항상만나
철석같은 바른신심 어린이몸 중이되어
몸과수족 건장하여 금옥같이 윤택하고
입과마음 순진하여 허공보다 깨끗하리
허망하온 꿈속세상 천리만리 벗어나서

빙설같이 맑은이몸 발길마다 연꽃피며

천번만번 죽드라도 엄한계율 굳게지켜

저하늘이 무너진들 털끝이나 변하리까

태산같이 높은위의 천상천하 거울되어

이내목숨 아끼잖고 모든생명 구하오리

험한고생 물러가고 좋은인연 마나고서

햇빛같이 밝은지혜 순식간에 나타나고

바다보다 넓은자비 잠깐사이 이루우며

웃없는 여래정법 깊이닦아 다하여서
어디다가 비할손가 크나큰길 깨치옵고
중생제도 넓은문을 남김없이 모두열어
공부길의 깊은바다 한번뛰어 넘사오며
높고높은 법의깃발 곳곳마다 세워놓고
거듭거듭 쌓인의심 낱낱이 부수어서
모든마군 항복받고 무상대도 넓히오며
살을베고 뼈를갈아 시방제불 섬기옵고

불을이고  팔을끊어  모든법문  통달하리

복과지혜  크게닦아  온갖중생  제도하며

신통묘용  뛰어나서  무상불과  이루우리

고생고생  이룬공부  모든중생  위함이니

대천세계  넓은곳을  빠짐없이  두루다녀

관음보살  대자비로  이내마음  장엄하고

보현보살  높은행원  꿈속에도  잊지않아

화탕지옥  내집삼고  아귀독사  내벗삼아

중생따라  몸나투어  묘한법문  끝없으리
무서울사  저지옥과  가련하온  아귀들에
백종오색  광명놓고  천변만화  신통내어
든고보는  모든무리  한결같이  제도할제
활활타는  무쇠물은  감로수로  변해지고
펄펄끓는  기름가마  연꽃으로  화하여서
쓰린고초  다버리고  부처나라  가서나며
과보받는  저짐승들  깊은원한  뼈아리니

천신만고 다잊고서 무한쾌락 받게하며

모진병엔 약초되어 씻은듯이 다나수고

배고플때 곡식되어 주린창자 채워주리

한중생을 제도하려 백천생을 따라다녀

끝끝내야 건져냄이 불보살의 대자비니

남에게 이익된일 하나인들 빼오리까

중생이름 다하도록 잠시라도 쉬잖으리

세세생생 맺힌원수 부모형제 다름없이

삼계고해 벗어나며 만겁애욕 버리고서
모든중생 함께같이 무상불도 성취하리
가없는 저허공은 가는끝이 있을망정
크나큰 나의원력 다함이 없아와서
기는벌레 섯는바위 함께성불 하여지이다

## 도서출판 窓의 "무량공덕" 시리즈

제1권  **금강경**, 무비스님 편저
제2권  **천수·반야심경**, 무비스님 편저
제3권  **부모은중경**, 무비스님 편저
제4권  **목련경**, 무비스님 편저
제5권  **천수·금강경**, 무비스님 편저
제6권  **천수·관음경**, 무비스님 편저
제7권  **관세음보살보문품**, 무비스님 편저
제8권  **금강·아미타경**, 무비스님 편저
제9권  **불설아미타경**, 무비스님 편저
제10권 **예불문**, 무비스님 편저
제11권 **백팔대참회문**, 무비스님 편저
제12권 **약사여래본원경**, 무비스님 편저
제13권 **지장보살예찬문**, 무비스님 편저
제14권 **천지팔양신주경**, 무비스님 편저
제15권 **보현행원품**, 무비스님 편저
제16권 **지장보살본원경(상)**, 무비스님 편저
제17권 **지장보살본원경(하)**, 무비스님 편저
제18권 **무상법문집**, 무비스님 편저
제19권 **대불정능엄신주**, 무비스님 편저
제20권 **수보살계법서**, 무비스님 편저

¤ "무량공덕" 시리즈는 계속 간행됩니다.

☆ 법보시용으로 다량주문시
  특별 할인해 드립니다.

☆ 원하시는 불경의 독송본이나
  사경본을 주문하시면 정성껏
  편집·제작하여 드립니다.

### ◆무비(如天 無比)스님

· 전 조계종 교육원장
· 범어사에서 여환스님을 은사로 출가
· 해인사 강원 졸업
· 해인사, 통도사 등 여러 선원에서 10여년 동안 안거
· 통도사, 범어사 강주 역임
· 조계종 종립 은해사 승가대학원장 역임
· 탄허스님의 법맥을 이은 강백
· 화엄경 완역 등 많은 집필과 법회 활동

### ▶저서와 역서

『금강경 강의』, 『보현행원품 강의』, 『화엄경』, 『예불문과 반야심경』, 『반야심경 사경』 외 다수.

## 지장보살예찬문

초판 5쇄 인쇄 · 2020년 1월 15일
초판 5쇄 발행 · 2020년 1월 20일
감　수 · 무비스님
펴낸이 · 이규인
편　집 · 천종근
펴낸곳 · 도서출판 窓
등록번호 · 제15-454호
등록일자 · 2004년 3월 25일

주소 · 서울특별시 마포구 대흥로4길 49, 1층(용강동, 월명빌딩)
전화 · 322-2686, 2687 / 팩시밀리 · 326-3218
e-mail · changbook1@hanmail.net
홈페이지 · (http://www.changbook.co.kr

ISBN 89-7453-124-0 03220
정가　5,000원

*파손된 책은 구입하신 서점이나 《도서출판 窓》에서 바꾸어 드립니다.
☞ **염화실**(http://cafe.daum.net/yumhwasil)에서 무비스님의 강의를 들을 수 있습니다.